TROIS LETTRES INÉDITES

DU

ROI HENRI IV

Publiées avec Introduction et Notes

PAR

E. ALLAIN ET PH. TAMIZEY DE LARROQUE

BORDEAUX

IMPRIMERIE NOUVELLE A. BELLIER ET Cⁱᵉ

16 — RUE CABIROL — 16

1893

TROIS LETTRES INÉDITES

DU

ROI HENRI IV

Publiées avec Introduction et Notes

PAR

E. ALLAIN et Ph. TAMIZEY DE LARROQUE

BORDEAUX

IMPRIMERIE NOUVELLE A. BELLIER ET Cⁱᵉ

16 — RUE CABIROL — 16

1893

EXTRAIT DE LA *REVUE CATHOLIQUE DE BORDEAUX*

25 JUIN 1893

HENRI IV ET LE CARDINAL DE SOURDIS

M. Eugène Halphen vient de publier un recueil de *Lettres inédites du roi Henri IV à Monsieur de Béthune, ambassadeur de France à Rome* (du 9 mars au 31 juillet 1602). Ce recueil, qui sort des célèbres presses de D. Jouaust (novembre 1892), est trois fois recommandé à la sympathique attention des lecteurs par le nom d'un roi tel qu'Henri IV, d'un éditeur tel que M. Halphen et d'un imprimeur tel que Jouaust. Mais, à côté de tant de splendides qualités (je ne parle pas de la beauté du papier, car cela va sans dire), l'élégantissime volume a un immense défaut, c'est qu'il est presque inabordable, n'ayant été tiré qu'à vingt exemplaires (vingt seulement : on a bien lu !). Comme, par une faveur insigne, et qui était, du reste, un peu due à mon admiration pour Henri IV et à mon affection pour M. Halphen, un de mes meilleurs collaborateurs dans l'édition des *Registres-Journaux de Pierre de l'Estoile*, je suis l'heureux possesseur d'un des vingt *merles blancs*, je veux, autant que possible, faire participer à mon bonheur les lecteurs de la *Revue Catholique de Bordeaux*, en leur communiquant quelques extraits des plus intéressants documents presque inédits qui auront été, en cette nouvelle année, mes plus précieuses étrennes.

« Davantage, ces jours passez, il est arrivé une brouillerie à Bordeaux entre ledit cardinal [de Sourdis] et le chapitre de son eglise cathédrale, en laquelle la cour de Parlement s'est engagée, ainsy que vous verrez par deux memoires que je vous envoye, qui m'ont esté presentez, l'un par ledit chapitre, et l'autre par la cour, en quoi ledit Cardinal s'est laissé emporter (1), et a passé plus avant que ses semblables n'avoient jamais faict en pareil cas, dont j'ay esté tres marry pour la consideration de sa dignité et pour le scandale que ce y a apporté. Car les Maire et Jurats de ladite ville, avec le peuple d'icelle, se sont plaints à moy de cette action aultant et plus que ladite cour et ledit chapitre. Neantmoins, j'ai commandé à ladite cour de surseoir l'execution des arrests d'icelle, et toutes autres sortes de poursuites et rigueurs contre ledit Cardinal et les siens jusques à ce que j'en aye aultrement ordonné et aye faict escrire audit Cardinal qu'il vienne par deça pour consoler et assister sa mere sur le deces de son mary, affin d'entendre par sa bouche ses raisons, et, après, conserver à un chacun l'authorité qui luy appartient, ainsy que vous direz à sa Sainteté, si elle vous demande ce qui s'est passé en ce faict ; mais vous ne lui en parlerez le premier ny à autre que audit cardinal d'Ossat, car il faut, s'il est possible, ensevelir ce faict sans le divulguer davantage. Il est vray que je crains que ledit Cardinal ait pris conseil d'en user aultrement, et qu'il ait escript le premier à Rome pour justifier sa cause, quoy estant vous en direz la verité à sa Sainteté, et luy remonstrerez combien il importe à ceulx du clergé de mon royaume, et mesmes à nostre Religion, que mes Parlements et officiers ne soient en debat avec eulx, et le desadvantage que y auroient ceulx là, si telles contestations continuoient, l'assurant que j'interposeray mon authorité pour l'empescher. Mais aussy il fault que ledit Cardinal de Sourdis et ses semblables se conduisent avec discretion sans abuser de leur dignité, sous pretexte de bienfaire à la Religion, ou accroistre leur juridiction ou puissance. » (Lettre du 25 mars 1602, p. 14-16.)

« Nos cardinaux françois monstrent avoir peu d'envie et declarent avoir encores moins de moyen de retourner à Rome, principalement ceulx de Givry et de Sourdis, ce dernier prenant plus de plaisir à remuer mesnage en son diocese qu'à disposer ses affaires pour faire ce voyage, ainsy que vous aurez sceu par mes precedentes. Je n'ay

---

(1) On sait que le grand archevêque était coutumier du fait. Ne l'a-t-on pas comparé au *bouillant* Achille ?

aussy aucune certitude encores du partement et acheminement de celuy de Joyeuse; mais j'estime qu'il attend que je sois à Poictiers pour y venir prendre congé de moy, et, après, suivre son voyage: car je ne doute point qu'il ne le fasse, m'en ayant donné parolle comme il a fait, et si celuy de Sourdis vient me trouver comme je luy ay escript, je le presseray tant d'aller que je l'y feray resoudre. » (Lettre du 24 avril 1602, p. 27.)

« Le cardinal de Sourdis, qui est icy [à Blois], m'a exposé son fait, et m'a asseuré n'en avoir rien mandé à Rome, ne l'ayant voulu faire sans ma permission, de quoy je l'ay loué. Je luy ay dit aussi me sembler n'estre necessaire d'abreuver sa S^{teté} de choses semblables, ausquelles il est facile de pourvoir quand chacun reconnoistra et fera ce qu'il doit; de quoy je l'ay admonesté de monstrer le chemin aux autres, ce qu'il m'a promis de faire, tellement que j'ay commandé à ceux de mon conseil de prendre connoissance de ses griefs et y donner l'ordre et reglement qu'ils jugeront equitable, car je n'ay moindre volonté de conserver l'authorité ecclesiastique que la mienne. » (Lettre du 7 mai 1602, p. 45.)

Si jamais quelque habile homme refaisait le très insuffisant travail de Rawenez — (un de mes rêves serait que ce *refaiseur* fût un certain archiviste diocésain qui nous a déjà donné un piquant extrait du *Journal* de Bertheau) —, il ne faudrait qu'il négligeât ni la correspondance du cardinal avec Henri IV, ni sa correspondance avec Marie de Médicis dont j'ai reproduit quelques fragments dans *Hercule d'Argilemont* et bien des pages, plusieurs années auparavant, dans le tome XIV des *Archives historiques de la Gironde* (1873). A côté des lettres imprimées, on utiliserait diverses lettres inédites qui dorment encore dans les recueils de la Bibliothèque Nationale. A bon entendeur, salut!

T. DE L.

TROIS LETTRES INÉDITES D'HENRI IV

Quand j'ai eu en mains la note brève et pleine qu'on vient de lire, et qui m'avait été obligeamment envoyée, pour la *Revue Catholique de Bordeaux*, par mon cher et savant ami, M. Tamizey de Larroque, j'ai eu la pensée de rechercher dans nos archives et bibliothèques bordelaises les documents de nature à éclaircir la grave affaire dont il est parlé dans plusieurs des dépêches d'Henri IV à M. de Béthune, retrouvées et publiées par M. Halphen. Le premier résultat de mes fouilles a été la découverte de trois autres lettres de ce prince que les meilleurs juges croient inédites (1).

Elles nous ont été conservées dans le manuscrit de Bertheau sur les actes du cardinal de Sourdis. Avant de les imprimer, je vais dire un mot des sources à consulter sur « l'affaire des autels », et je la résumerai très brièvement, me réservant d'y revenir plus tard avec tout le développement qu'elle mérite.

Peu d'incidents ont eu autant de gravité que celui-là, durant l'épiscopat long et agité de François de Sourdis. Aussi n'a-t-il point échappé aux historiens bordelais, à Dom Devienne (2), par exemple, et au président Boscheron des Portes (3). Naturellement Rawenez (4) l'a raconté en détail, mais on sait ce que pèse auprès des hommes

(1) J'ai consulté à ce sujet mon illustre compatriote, M. Léopold Delisle, et M. Tamizey de Larroque. Ils pensent l'un et l'autre que les lettres en question n'ont en effet jamais été imprimées.

(2) *Histoire de Bordeaux*, t. I, 2ᵉ éd., p. 199-203.

(3) *Histoire du Parlement de Bordeaux* (Bordeaux, 1878, in-8ᵒ), t. I, p. 339-343.

(4) *Histoire du Cardinal de Sourdis* (Bordeaux, 1867, in-8ᵒ), p. 50-61.

d'étude l'autorité de ce maladroit compilateur. Dans ses précieux — et trop rares — *Mélanges de Biographie et d'Histoire* (1), mon docte maître, M. de Lantenay, l'a pris bien des fois en défaut. Son histoire n'est pas autre chose qu'un panégyrique fait sur commande ; il n'était nullement préparé à composer une œuvre sérieuse, ignorant complètement la façon de procéder dans la recherche des documents, manquant de critique, et commettant dans la transcription des textes d'innombrables bévues.

Il a consacré presque tout un chapitre à « l'affaire des autels » ; mais, comme il n'a prêté l'oreille qu'à une cloche, il n'a entendu qu'un son. On lui avait mis en main le manuscrit de Bertheau (2) et presque toujours il a suivi aveuglément ce guide, intelligent, je le veux bien, consciencieux et subjectivement impartial. Mais ne peut-on craindre qu'il ne l'ait pas toujours été objectivement, alors qu'il avait entrepris de défendre et de glorifier la mémoire d'un prélat qu'il avait beaucoup aimé et longtemps servi, dont il avait été un des familiers les plus dévoués ?

Certes il n'y a pas lieu de rejeter *a priori* son témoignage, et je puis bien dire que des trois sources principales à consulter sur l'incident, son manuscrit tient le premier rang, en raison non seulement de l'ampleur du récit, mais encore du soin qu'il a eu de l'appuyer de textes dont plusieurs ne se trouvent que là. Cependant, quand on voudra aller au fond des choses, il faudra entendre les corps intéressés ou intervenants au procès : le chapitre dont nous avons les *Actes* pour cette époque (Arch. Gir., G 291) ; le parlement dont la Bibliothèque municipale possède (ms. 369) les *Registres secrets* (3) ; je devrais ajouter la jurade, malheureusement ses délibérations de 1602 n'ont pas encore été reconstituées.

(1) Bordeaux, Feret, 1885, gr. in-8° de 600 p.

(2) C'est un petit in-4°, relié en vélin, de 1093 p. plus des feuillets lacérés à la fin ; les 172 premières pages ont été tellement endommagées par l'humidité et par les rats qu'on n'en peut faire presque aucun usage. La partie utilisable embrasse les années 1602-1612. Le récit de Bertheau est, d'ordinaire, fort intéressant, et, ce qui augmente beaucoup la valeur historique de son œuvre, beaucoup de pièces officielles y sont insérées *in extenso*. Son ms. a été restitué anonymement aux Archives diocésaines, il y a quelques années ; il y est classé sous la cote C 1 et j'en ai donné, dans mon *Inventaire-Sommaire* (p. 4-6), une ample analyse.

(3) C'est aux f°ˢ 385 v°-392 du tome V de ce ms. en 27 volumes, que se trouvent racontées les séances du parlement où l'affaire des autels fut agitée.

Les *Actes capitulaires* sont intéressants dans la sobriété voulue et le calme du moins apparent de leur rédaction; les formes respectueuses à l'endroit de l'archevêque sont toujours conservées. Mais faut-il s'y fier exclusivement ? Pour être chanoine on n'en est pas moins homme et, à cette heure-là, « Messieurs » étaient des hommes fort mécontents des procédés d'un supérieur hiérarchique qui se trouvait alors leur adversaire. Celui-ci avait des torts à leur endroit. En étaient-ils exempts eux-mêmes? Je n'en crois rien.

Les *Registres secrets* du parlement sont extrêmement hostiles au prélat. Le tour de leur récit est très net et très vivant. Naturellement les mémoires d'E. de Cruseau (1) sont dans la même note.

Il faudrait, avec beaucoup de tact et de critique, discuter, une à une, les assertions souvent contradictoires des trois parties en présence. Voici, du moins, pour le moment, la série des faits qui me semblent hors de contestation.

Il existait dans la nef de Saint-André deux autels adossés au mur méridional. Ils étaient d'ordinaire sans nappes et sans ornements; ils n'étaient pas surmontés de ce dais ou « poesle » dont l'absence était régulièrement signalée et condamnée par le cardinal dans ses procès-verbaux de visite. Nul chancel n'en défendait l'approche. On avait accoutumé d'y porter les enfants nouvellement baptisés, non seulement de la paroisse de la Majestat, mais de toutes celles de la ville dépendant du chapitre. François de Sourdis avait remarqué avec déplaisir que, les jours de sermon, beaucoup de gens s'y asseyaient ou s'y tenaient debout, pour mieux voir et ouïr les prédicateurs. Il affirme expressément dans sa première lettre au Roi et sa plainte au Pape qu'il avait souvent reproché au peuple et représenté au chapitre ces « insolences ». Dans les *Actes capitulaires*, à la date du 26 février 1602, les chanoines disent qu'il leur en fut parlé à cette date, pour la première fois, par le secrétaire du prélat; ils reconnaissent pourtant, dans cette requête au Souverain Pontife qu'Henri IV recommande aux bons soins de M. de Béthune et du

(1) *Chronique d'Étienne de Cruseau*, publiée par la Société des Bibliophiles de Guyenne (Bordeaux, 1879), t. I, p. 294-300. — Je mentionne pour mémoire les quelques lignes consacrées à l'incident dans la *Chronique bordeloise par J. de Gaufreteau*, également publiée par la Société des Bibliophiles de Guyenne (Bordeaux, 1878), t. II, p. 7, 8. Le sceptique chroniqueur ne manque pas de s'y livrer, selon sa constante habitude, à des plaisanteries qui sentent un peu bien le fagot.

cardinal d'Ossat par les lettres ci-dessous publiées, que, l'archevêque ayant appelé leur attention sur ce fait, ils avaient eu soin de faire garder les autels, durant les prédications, *per duos clericos cum baculis, quo facto duæ istæ aræ postea ab omni plane prophanatione præservatæ sunt.*

Quoi qu'il en soit, à l'heure même où M⁰ Bertin, chanoine et « secrestain » de Saint-André, traitait la question avec ses confrères, on les vint avertir que des maçons accompagnés des gens du cardinal (le registre capitulaire mentionne un de ses aumôniers, Pierre Miard, plus tard vicaire général et protonotaire apostolique, et Eustache, son valet de chambre) procédaient, sans autre forme de procès, à la démolition des autels. Les chanoines revêtus de leurs insignes s'empressent d'accourir; ils demandent aux gens du cardinal et aux ouvriers de justifier d'un ordre écrit, et cet ordre ne leur étant pas représenté, ils les font conduire dans leurs prisons et envoient des députés au parlement pour demander protection, et se plaindre, non pas, comme ils l'affirmèrent, du cardinal mais de ses officiers.

S'il en faut croire les chanoines dans leur requête au Pape, l'archevêque, ayant appris l'emprisonnement de ses gens, s'était porté de sa personne à Saint-André; il avait éclaté en reproches violents et en était même venu aux voies de fait. Bien plus, il fit rompre les portes des prisons capitulaires pour délivrer les maçons, et les autels furent par eux rasés.

Le maréchal d'Ornano, les jurats et le parlement prirent parti contre le cardinal. Dès le 28 février, la cour ordonnait une information et déléguait les conseillers Amalbi et Duverdus, dit Bonneau, pour dresser procès-verbal de l'état des lieux. Ils commençaient à remplir cette mission, assistés des jurats, du capitaine du guet et de ses archers, quand survint le prélat; il leur enjoignit impérativement de quitter l'église, « qui est à moi, leur dit-il, comme votre palais est au Roi ». Sur leur refus, il les excommunia. Les conseillers allèrent rendre compte des faits aux chambres assemblées, et, malgré les récusations très vivement formulées par le cardinal contre plusieurs membres de la compagnie, arrêt intervint, prescrivant la reconstruction immédiate des autels qui devraient cependant, pour prévenir de nouvelles irrévérences, être clos d'un balustre.

Quand, le 1er mars, en présence d'Amalbi et de Duverdus, les ouvriers commencèrent à rebâtir les autels, le cardinal revenant de la paroisse Saint-Aubin de Blanquefort où il était allé célébrer la fête patronale, renouvela ses protestations et fulmina de nouveau les censures; il réunit à l'archevêché les curés de la ville et leur interdit d'administrer les sacrements aux excommuniés. Le procureur général « se porta appelant comme d'abus de ladicte excommunication » et, le 2, le Parlement défendit aux curés de la publier.

Le cardinal la proclama lui-même le lendemain à Saint-Projet où une circonstance fortuite l'avait conduit et où il avait rencontré et reconnu, assistant à la messe, les conseillers Amalbi et Duverdus.

Le 4, toutes chambres assemblées, François de Sourdis vint de sa personne au Palais, où il justifia ses actes dans un langage modéré (1); mais, contre l'attente de l'évêque d'Agen, Nicolas de Villars, qui l'avait accompagné, et du premier président Daffis, il ne leva pas les censures. Lui sorti, la cour déclara sa sentence abusive, et lui enjoignit de la rétracter, sous peine de la saisie de son temporel jusqu'à concurrence de 4,000 écus; elle députa au Roi, en même temps, pour lui demander l'éloignement de l'archevêque, l'avocat général Du Sault, le jurat Galatheau et un gentilhomme du maréchal d'Ornano.

Le 9 mars, selon Bertheau, Amalbi et Duverdus, « recognoissant leur faulte, vinrent demander l'absolution de l'excommunication contre eux fulminée, ce que fit volontiers ce prélat, tant il auoit le cueur porté au pardon. ». — Le 13, le chapitre « commit MM. le sous-doyen, [du] Périer et syndic pour aller remercier MM. le Premier [président], d'Amalbi et Bonneau (Duverdus) de la bonne justice qu'il leur auoit plu faire au chapitre touchant la desmolition des autels de la nef et offrir leur payement, et enioinct à M. le recepueur de bailler audict sr syndic tout l'argent qu'il conuiendra pour cet effaict ». On devine l'impression qu'un tel procédé dut faire sur le cardinal.

(1) Il résulte d'une délibération capitulaire du 5 mars que, ce jour-là, l'archevêque fit faire au chapitre, par son secrétaire, le chanoine et « secrestain » Bertin, des propositions d'accommodement. Il faut bien reconnaître qu'elles furent très froidement accueillies.

Il se décida sans retard à écrire au Roi pour protester contre la procédure du Parlement, et lui recommander, avec sa propre cause, celle de ses serviteurs qui avaient été emprisonnés par ordre de la cour. Sa lettre (non datée) nous a été conservée par Bertheau. Elle est digne et ferme ; il y est fait expresse mention de la plainte que le prélat allait adresser au Pape contre son chapitre (1). La fin du carême se passa en visites pastorales dans l'Entre-Dordogne. François de Sourdis célébra à Saint-Émilion et à Libourne les offices de la Semaine sainte et de la fête de Pâques qui tombait, cette année, le 7 avril. Rentré à Bordeaux, « il receut, dit Bertheau, lettres de Sa Maiesté, portant qu'elle auoit du déplaisir de la mauuoise intelligence qui estoit entre luy et son chapitre et de la procédure de sa cour de parlement à laquelle il (*sic*) mandoit de relascher ses ouvriers et officiers emprisonnez ; au reste qu'au plustot il vint trouuer S. M. pour lui faire entendre les particularitez de ceste affaire et receuoir ses intentions pour calmer tout cet orage, n'estant pas content de ce qu'il auoit escript à Sa Sainteté, comme ayant le pouuoir de luy faire rendre justice sans molester Sa Sainteté à ce subiect. »

Quand, obéissant aux ordres du Roi, le cardinal l'entretint à Blois de cette fâcheuse affaire, il en fut très mal accueilli. Henri IV, qui voulait maintenir à tout prix dans son royaume la paix qu'il y avait établie avec tant de peine, lui parla « asprement » et le menaça même de « le tirer de Bordeaux » ; le cardinal répondit avec fermeté, et termina en représentant au Roi que, « si Sa Maiesté le vouloit tirer de Bordeaux, ce seroit donc en l'arrachant de l'aultel ».

A la fin de septembre, il reçut avec joie un bref de Clément VIII, daté du 1er juillet, où il était fort encouragé dans son épreuve, mais où les conseils de modération, délicatement présentés du reste, ne manquaient pas (2). Le chapitre de son côté, par un autre bref à lui

(1) La lettre du cardinal au Pape est transcrite par Bertheau à la suite de celle qu'il avait adressée au Roi. Elle n'est pas plus datée que la première, mais il me semble qu'elle n'est pas à sa place. Le bref du 1er juillet répond en effet à une lettre datée de Blois au mois de mai.

(2) *Confidimus etiam de tua prudentia, circumspectione et patientia quod vinces in bono malum et tibi et Christo Fratres tuos lucraberis vt vnanimes, vno Spiritu, Deo seruiatis. Neque nos dubitamus, qui te optime nouimus, te multa lenitate vti et oleum vino admiscere et, de Apostoli praecepto, modo arguere, modo obsecrare, modo etiam increpare in omni patientia et doctrina.*

adressé (1), était vivement blâmé et menacé de censures. Il délibéra
d'y répondre et le fit en effet par une supplique fort longue
au Souverain Pontife, que Bertheau n'a pas manqué de repro-
duire *in extenso* dans ses mémoires. C'est une pièce bien curieuse,
mais dont la discussion et même l'analyse m'entraînerait très loin.
Elle avait été portée au Roi par le chanoine Martin, député à cet
effet à la cour et dont les services, en la circonstance, furent très
appréciés de ses confrères.

C'est à cette supplique que se rapportent les trois lettres inédites
d'Henri IV publiées ici pour la première fois. Les détails dans les-
quels je suis entré m'ont paru nécessaires pour en donner pleinement
l'intelligence. Les voici (2).

Lettre du Roy à M. de Bethune, Ambassadeur à Rome (3).

Monsr de Bethune, je pensois auoir assoupy le différend
d'entre mon cousin le Car^{al} de Sourdis et son chapitre de
l'église cathédrale de Bordeaux, touchant la démolition des
autelz dont vous auez ouy parler et estimois à la façon que
les choses estoient passées qu'il n'en feroit plus d'instance.
Mais les plainctes en ont esté portées jusques à Rome et sur
icelles est interuenu le bref de nostre très St Père addressant
audit chapitre dont je vous enuoye la copie, par lequel,
d'aultant que ledit chapitre est comme menacé de censures

(1) Ce bref fut remis au chapitre le 25 septembre par les soins du cardinal, ainsi
que nous l'apprennent les *Actes capitulaires*; mais, « attendu l'absence d'une grande
partie de MM. lesdicts chanoines, à l'occasion des vendanges », il ne fut lu en
chapitre que le 18 octobre.

(2) Bertheau les a transcrites aux pp. 261-265 de ses mémoires. Je reproduis
l'orthographe de cette copie très soignée.

(3) Les personnages nommés dans ces trois lettres d'Henri IV sont trop connus
pour qu'il y ait lieu d'en parler longuement. Philippe de Béthune, comte de Salles
et de Charost (1561-1649), frère puiné de Sully et père d'un de nos plus illustres
archevêques, Henri de Béthune. — Arnaud, cardinal d'Ossat, évêque de Rennes et
conseiller d'État (1537-1604), un des principaux négociateurs de la réconciliation
d'Henri IV avec le Saint-Siège. — Nicolas de Neufville, seigneur de Villeroi (1542-
1617), secrétaire d'État spécialement chargé, à l'époque où nos lettres furent écrites,
des affaires étrangères.

ecclésiastiques, il se délibère d'y faire respondre (1) et desire qu'elle soit presentée de vostre main à Sa Saincteté et que je l'accompagne de ma recommandation en vostre endroit. Le prétexte de la plaincte de sadite S^te est de ce que ledit chapitre s'est pourueu en ma cour de Parlement de Bordeaux pour raison de ladite démolition desdits autelz ; mais je ne trouue aulcunement à propos que ledit Car^al, m'ayant demandé justice, se soit addressé à Sa S^te pour l'obtenir, sans auoir eu de moy permission de ce faire et vous puis dire que luy et plusieurs de ses gens eussent esté bien empeschez à respondre de leur faict, si je n'y eusse aporté mon auctorité et qu'ayant fait veoir en mon conseil les decretz et arretz de madite cour de Parlement de Bordeaux, il a esté jugé que le tout auroit esté fait auecq grande considération. J'ai sorty de peyne, et auecq honneur, ledit Car^al, fait cesser l'exécution desdits decretz de madite cour, eslargy ses domestiques qui estoient prisonniers et leué les saisies et toutes condamnations de peynes pécuniaires et n'a rien esté obmis en son endroit de ce que l'on a peu faire pour luy si l'on n'eust vouleu user de trop d'injustice ; et neantmoins, il a fait éclater par delà une plaincte mal fondée, dont je ne puis demeurer satisfait. Parquoy je vous prie, ayant veu et considéré la response dudit chapitre dont vous auez aussi communication, la vouloir representer et faire veoir à Sadite S^te et informer aussy de la vérité de la procédure, luy faisant apréhender la conséquence d'icelle, car Sa S^te n'ignore les priuilèges de ce royaume et comme le possessoire est aux mains de mes juges et officiers (2). Je me

(1) Le ms. porte distinctement *respondre* ; mais c'est, je crois, une erreur de copie et *responce* serait plus correct.

(2) Le possessoire est une action personnelle intentée par celui qui se prétend troublé dans la possession d'une chose. Dans la maxime alléguée par le Roi il est question essentiellement du possessoire en matière bénéficiale. Depuis fort longtemps, l'action possessoire dans les contestations relatives aux bénéfices était en effet dévolue aux magistrats royaux. Était-ce, dans le principe, usurpation de leur part, ou concession gracieuse de l'Église ? C'est une question difficile à résoudre. Toujours est-il qu'une bulle de Martin V, du 21 août 1425, avait autorisé cette procédure. Mais, dans la suite, les juges royaux avaient été plus loin. Non seulement ils avaient conservé le jugement au possessoire, mais ils avaient empêché les tribunaux ecclésiastiques de juger le pétitoire et ils avaient indûment étendu la concession .

promets aussy que sa prudence et bonne conduite, qui sert de miroir à tous les princes de ce siècle, ne se laissera emporter aux conseils de ceux qui prétendent que c'est la grandeur de Rome et du S. Siège apostolicq. d'user de samblables rigueurs, mais qu'elle mesurera toutes choses et ses intérestz priués à ce qui sera du bien et grandeur de la gloire de Dieu et de son Eglise. J'en escrips à mon cousin le Car^{al} d'Ossat auecq lequel je désire que vous en confériez et que tous deux ensemble vous essayez d'y aporter le tempérament requis pour le bien des ungs et des autres et vous me ferez seruice très agréable, priant Dieu, Mr de Bethune, qu'il vous ayt en sa saincte garde. Escript à Fontainebleau le xi decemb. 1602. Signé : HENRY, et plus bas : de Neufuille ; et au dessus : *A Mr de Bethune, conseiller en mon Conseil d'Estat et mon ambassadeur à Rome.*

Lettre du Roy au Car^{al} d'Ossat à Rome.

Mon cousin, j'escrips bien amplement au sieur de Bethune, mon ambassadeur, sur le subiect de la plainte qu'a faite par delà mon cousin le Car^{al} de Sourdis, touchant la

pontificale au delà de ses limites primitives qui se restreignaient nettement au possessoire en matière de bénéfices. L'argument mis en avant par le chapitre de Saint-André dans sa supplique au Pape ne concluait donc pas dans l'espèce, puisqu'il était basé sur une extension abusive de la bulle de Martin V. C'était pourtant l'unique excuse que pouvaient apporter les chanoines de leur appel au Parlement. Ils le comprenaient fort bien, comme on en peut juger par le passage suivant des *Actes capitulaires :* « Sera escript à Sa Majesté que attendu que par ledict bref Sa Sainteté blasme principalement le chapitre pour s'estre adressé à la cour de parlement pour le restablissement desdicts autels desmolis, suyuant les priuilèges octroyés par le Sainct Siège aux officiers royaux de cognoistre *du possessoire aux choses ecclesiastiques et annexes à icelles,* qu'il plaise à S. M. d'escripre à M. l'ambassadeur et à Mgr le cardinal d'Ossat d'assister de leur faveur la lettre dudict chapitre *pour la conseruation des droicts du roy.* » Voilà où on en était venu en France, et c'était là un des articles les plus vivement défendus des prétendues « libertés » de l'Église gallicane. On peut voir sur cette question du possessoire et ses conséquences pratiques, entre autres canonistes : Durand de Maillane, *Dictionnaire de Droit canonique et de Pratique bénéficiale,* 3e éd. in-4°, t. IV, v° *Possessoire;* Rousseau de la Combe. *Recueil de Jurisprudence canonique et bénéficiale,* in-f°, v° *Possessoire* et *Loix canoniques,* p. 15; [Icard], *Prœlectiones Juris canonici,* éd. de 1886, t. III, p. 21 seq.

démolition des autelz de l'église cathédrale de Bordeaux, dont vous auez ouy parler. Sur quoy Sa S^té a enuoyé au chapitre de ladite église un bref plein d'aigreur et de menaces auquel ledit chapitre délibère de respondre. Vous aurez communication de l'un et de l'autre, ayant commandé audit s^r de Bethune d'en conférer auecq vous et je desire que vous apuyez et assistiez, aultant qu'il vous sera possible, ladite response dudit chapitre, pour leuer à Sa S^té les mauuaises impressions qu'Elle a prises de luy, sur ce qu'en a fait entendre par delà ledit Car^al de Sourdis entre lequel et son chapitre il ne fault pas nourrir ces diuisions, car elles ne peuuent produyre que scandale aux ungs et aux aultres. Partant, regardez auecq mondit ambassadeur à faire en sorte que la lettre dudit chapitre soit présentée bien à propos à Sa S^té, considérée par Elle, et aporter quelque tempérament en cest affaire duquel escripuant plus particulièrement à mondit ambassadeur, je me remets à sa lettre, me contentant de vous asseurer que vous ferez chose qui me sera très agréable en cest endroit, priant Dieu, mon cousin, qu'il vous ayt en sa saincte garde. Escript à Fontainebleau le xi decembre 1602. Signé : HENRY, et plus bas : de Neufuille; et au dessus : *A mon cousin le Car^al d'Ossat.*

Lettre du Roy au chapitre Saint-André.

Chers et bien aymez, nous ne sommes moins desplaisant de la plaincte que nostre cousin le Car^al de Sourdis a faite par delà que du bref de Nostre S. Père qui est interuenu sur icelle et auez bien faict d'auoir recours à Nous pour appuyer et justifier vostre procédure. Car il n'a pas esté raisonnable que ledit Car^al nous ayant demandé justice se soit pourueu par deuers Sa S^té. Nous escriuons présentement au sieur de Bethune, nostre ambassadeur, et à nostre cousin le Car^al d'Ossat, qu'ils facent veoir vostre response à Sa S^té et luy representent vos justes raisons et le faisons d'autant plus volontiers que nous tenons vostre cause estre juste et raisonnable, vous asseurant que, quand il se presentera occasion de vous gratifier, nous le ferons tousiours d'entière affection.

Donné à Fontainebleau le xie decembre 1602. Signé : Henry, et plus bas : de Neufuille ; et au dessus : *A nos chers et bien armez, les doyen, chanoines et chapitre de Bordeaux.*

Il ne parait pas que les démarches prescrites par le Roi à ses agents et annoncées au chapitre aient eu de grands résultats. La lettre (non datée) que reçut celui-ci du secrétaire d'État, de Neufville, et que Rawenez a publiée d'après la copie de Bertheau, est fort vague et va surtout à recommander la patience et la paix. « Icy finit, écrit, après avoir rapporté cette dépêche, le fidèle secrétaire, la querelle de la démolition de ces autels, en laquelle chascun estime avoir bien fait, le chapitre se fortifiant en ses privilèges, le parlement en la coustume. craignant le changement ès choses ecclésiastiques, tous sans aucun égard au grand zèle de M. le cardinal... Il a [pourtant] cueilly le fruict de son intention, car ces autels n'ont point esté remis sans qu'ils aient eu chascun sa closture, en sorte qu'ils ne sont plus subiects à prophanation. »

L'affaire finit ainsi par où elle eût dû commencer. En pareille matière, un juste accommodement vaut toujours mieux en effet qu'un procès et surtout que l'appel aux juges séculiers. Nos parlementaires de 1602 pouvaient être. pour la plupart, de bons chrétiens dans la vie privée, mais ils n'avaient pas la moindre idée des droits de l'Église. Le Roi, de son côté, tenait-il la balance égale quand après avoir blâmé le recours de Fr. de Sourdis au Pape, il soutenait si vivement le recours du chapitre ? Dans l'espèce, les chanoines et l'archevêque eurent des torts réciproques ; moins de raideur et plus de réserve dans la parole et dans les actes chez celui-ci, plus de déférence et de modération chez ceux-là, eussent évité bien des misères.

Malheureusement il est plus facile de déduire, dans le silence du cabinet et d'après l'expérience d'autrui, de sages principes que de les mettre soi-même en pratique au moment opportun. Tâchons du moins de profiter des leçons de l'histoire, mais gardons-nous de juger avec une rigueur excessive ceux dont les erreurs de conduite nous donnent l'occasion de les formuler.

E. A.

Paris-Bordeaux. — Imprimerie Nouvelle A. BELLIER et Cie.

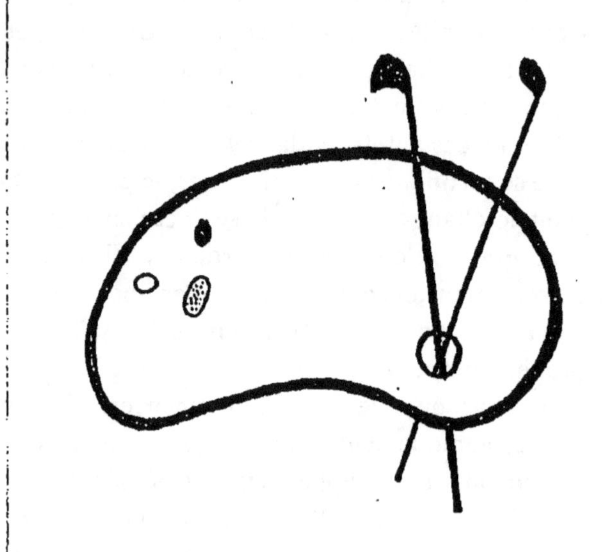

ORIGINAL EN COULEUR
NF Z 43-120-8